T0178877

Pequeño hablante

Andrés Neuman

Pequeño hablante

Penguin
Random House
Grupo Editorial

Primera edición: febrero de 2024

© 2023, Andrés Neuman
© 2024, Penguin Random House Grupo Editorial, S. A. U.
Travessera de Gràcia, 47-49. 08021 Barcelona

© Diseño: Penguin Random House Grupo Editorial, inspirado en un diseño original de Enric Satué

Printed in Spain – Impreso en España

ISBN: 978-84-204-7756-5
Depósito legal: B-21379-2023

Compuesto en Arca Edinet, S. L.
Impreso en Unigraf,
Móstoles (Madrid)

A L 7 7 5 6 5

Para Telmo y Erika, mis maestros

¡Hijo soy de mi hijo!
¡Él me rehace!

JOSÉ MARTÍ

Hablar no es función básica,
es una obstinación.

POLA GÓMEZ CODINA

1

Más que ponerte en pie, lo difícil fue encontrarte de pronto ahí, encaramado a tu estatura. Ahora el vértigo dirige tu camino, la distancia se vuelve una ansiedad.

—Así.

—Muy bien.

—No, ¡para, para!

Te vas a caer tanto que no podrás creerlo. Nos va a doler a ambos. Te vas a levantar mejor que yo.

2

—Cuidado, por favor.

Te convocan los bordes, su riesgo, su inflexión. La puerta mal cerrada. Esa mesa con picos. Los peldaños. El final de la cama. Ahí quieres estar, a punto de

—¡Cuidado!

A tu edad, según dicen, no se teme a estas cosas. Quizá tu miedo sea transitivo: lo delegas.

—¡Por favor!

Golpearte es tu manera de medir la textura del mundo, los accidentes de sus formas.

—Ay, ay, ¡casi!

Los bordes te reclaman porque tienen, supongo, algo de ti. Asomas de manera radical. Sobresales bajo la luz inquieta.

3

Arrastras el pie izquierdo al caminar. No sé si será alguna secuela del gateo, un gesto en transición, tu propio ritmo.

Vas enlazando pasos con laboriosa disciplina, poniendo un pie tras otro en dirección a lo desconocido.

Cojeas: te acompaño.

4

Y te veo correr, caer y levantarte sin sorpresa, como si fuese parte de tu método. Tropiezas sin mirar jamás abajo: tienes un horizonte —un objeto, una luz, una paloma— y eso guía tus peregrinaciones. Quién pudiera imitarte.

Pienso en las veces en que me hice daño tratando de avanzar. En que tú no lo sabes. En tu paciencia limpia. Y en que, a pesar de todo, mi memoria anda ahí, entre tus pliegues.

5

Desde que has descubierto tu precario equilibrio, empujas cuanto objeto sea cómplice: una caja, la silla, el cubo de basura. Este último tiene un encanto superior, porque es ligero y huele y cuenta lo que hicimos.

Vas y vienes, de un lado para otro, con nuestra basura. Cuando encuentres su sitio, habrás clarificado la familia.

6

Ya no puedo escribir lo que escribía. Interrumpiste todo y lo empezaste de nuevo. No encuentro las razones ni la antigua gramática, porque ahora eres tú quien balbucea entre estas frases. Porque ahora sos vos lo que habla en brazos.

Ya no puedo escribir lo mismo de antes, pero no se ha borrado ni una sola palabra: todo lo dicho desemboca aquí, alimenta el lenguaje en que nacimos.

A

Entre la dependencia y la adicción, confundo nuestros cuerpos simultáneos. Por eso he decidido escribirle en tercera persona. Así criamos lengua.

¿Cómo pasar de un lazo umbilical a otro puente más largo, de ida y vuelta? Pienso en un movimiento para recuperar el yo, disponible por tanto para él.

Tiembla un poco la puerta.

7

¿Sabría describir tu vocecita? Cualquier intento rozaría el fracaso, lo cursi o los tartamudeos. Los tres me pertenecen y también me liberan. Quiero hablarnos sin esa policía emocional.

Tu voz es la de un pájaro que no sabe muy bien qué es un gorjeo. La de algún instrumento indefinido tanteando su timbre. La de un cascabel en la ventana, la de esta misma brisa.

Es la de tu monólogo interior, la que tuve a tu edad, la que recuperamos con la escucha. Un dúo de vecinos conversando a unos cuarenta años de distancia.

8

Con el sueño hecho astillas, mientras tu madre curaba el pecho interminable de la noche, te tomé en brazos. Susurré las canciones que siempre te adormecen. No sirvieron de nada. Tu llanto discurría impermeable a la música, como si no escucharas el consuelo. Andabas desvelado en alguna frecuencia diferente.

Entonces, sin pensarlo, te conté cualquier cosa. Te describí la luna, las estrellas, el viento. Un árbol con manzanas y con pájaros. Un paisaje compuesto por vocablos familiares.

Te me quedaste inmóvil en los brazos, sin apoyar siquiera la cabeza: una extraña postura que no te conocía. La palabra se impuso a los temores. Se filtró en tu inconsciente. Y por fin nos quisimos como hablantes.

9

Gritas por hábito. Te has convertido en ono-
matopeya. Cuando abres la boca, los sonidos
persiguen alguna dirección, un sentido posible.
—Que pare, por favor.
—Paciencia.
—No me queda.
Tus silencios ya no son un enigma, un estado
en sí mismo, sino el prefacio agónico del verbo,
esa rabia del casi.

B

Esta rabia de no poder decirnos lo que quiere, o lo que se imagina que nos dice. Esta furia en vocales abiertas. Huelguista repentino, se arquea para atrás, resistiéndose a todo.

Entre la boca llena de intenciones y el vocablo en camino, está su edad de urgencia elocutiva. Todavía no exactamente hablante, ya nunca pre-verbal.

Una parte de él, la más dulce y oscura, se está desvaneciendo. Contra mis previsiones, me doy cuenta de que voy a extrañar al niño mudo. Y espero aquí, impaciente, al que vendrá.

10

Consumes a tu madre con tu vicio de vida. Se le han infectado varias veces los pechos: te entrega su salud a cambio de la fiebre. Sus defensas son parte de un diálogo de amor.

Ella se queja poco y eso me asusta, ¿sabes? Parece convencida de su cuerpo. A veces fantaseo con que mengua para expandirse en ti, como si contuvieras partículas crecientes de tu madre. Su calcio, tu esqueleto. Sus músculos, tu fuerza. Su grasa, tus muslos.

Te alzo de nuevo, hijo, y palpo nuestra carne hecha futuro, nuestra lenta vejez en tu belleza. Tu madre está en mis brazos. Me tienes en los tuyos. Sostienes poco a poco mi cadáver. Soy este bebé póstumo que acunas.

11

No consigo dormir tu pesadilla. Reclamás a mamá, su pecho panacea. Yo me siento rechazado, extranjero como en mi antiguo exilio. Y tonto por sentirme de semejante forma. No se trata de mí sino de vos, lo sé muy bien. Sin embargo acá estoy, al otro lado de tus necesidades.

Lo curioso es que así me protegés. Me enseñás, postergándome, un arte más sutil. A ser el aprendiz de mis limitaciones.

12

Se acabó tu sonrisa de puré. Ya no masticas luz con las encías. Ahora tienes risa de fiera involuntaria, de mamífero con cepillo de dientes. Despellejas. Trituras. Cazas tiempo.

—Ay.

—¡Uy!

—No, hijo, no.

—¡Te he dicho que ya basta!

En la selva industrial donde naciste, esos colmillos te servirán de poco. Pero mamá y papá son entes comestibles. Y, a largo plazo, me temo que indigestos.

13

Una pluma con dientes. En cuanto ganas peso, algún virus, bacteria o ciclo misterioso entra en escena. Te pasas unos días decreciendo, y vuelta al mismo punto de partida.

Hemos probado todas las estrategias: comer juntos o no, en sillas infantiles o sobre nuestras piernas, dejarte que improvises o marcarte el ritmo, con y sin tenedor, de metal y de plástico.

—Una más, un poquito.

—La cuchara, la tuya.

—Como los niños grandes.

—Otra más. Por favor.

Tus manos curiosean ignorando las tablas nutricionales y las malditas curvas percentiles. Hasta que, de repente, tu cuerpo te sustrae la masa conquistada.

Eres una persona de año y pico: tu boca ya domina el lenguaje del círculo vicioso.

14

Enseñarte a comer es un espejo. Masticamos el uno frente al otro. Intercambiamos manos en la boca. Pupila con pupila, ese par de aceitunas. No sé quién sigue a quién: somos un mecanismo de atención, un lazo nutritivo.

De vez en cuando haces una pausa y señalas objetos cuyo nombre estabas digiriendo. Puede ser una fruta o un vaso, un lápiz o un trapito, un libro o una lata. No importa en qué te fijes, te lo entrego.

Y veo que tu dedo apunta a mí.

15

Partes lo blando, pinchas precariamente, vas acercando tu pulso a la boca. Te comes tu peligro.

Voy de la vigilancia al embeleso, del orgullo a la alarma. Me estremecen los ángulos extraños de ese tenedor.

Aprovecho, de paso, para tragar con ansia algunos restos. Tu madre y yo ayunamos para verte comer. Es un amor faquir.

C

Con cada sílaba que moldean sus labios, invoca los fragmentos de su mundo.

Ma es su madre y es más de cualquier cosa, y es el mar, la manzana y todo lo que quema, y es incluso una mosca merodeando.

Pa soy yo y es la luz cuando se apaga, y es el pan, la patata y la pala de plástico y es también la paloma que persigue.

Ta es pelota, ventana, una guitarra y, muy a menudo, teta.

Su amplio repertorio de diez sílabas multiplica hacia dentro los sentidos. Somos sus traductores y, a la vez, sus discípulos. Su idioma trabalenguas merece un diccionario. Hijo, mi neologismo.

16

Hay algo que quisiera confesarte, algo que me libera de un pudor adherido y vagamente hetero; es decir, traumado a su manera no oficial.

Eres tan bello, hijo, que me aturdes. No hablo desde la estética. Digo guapo de sobra. Arrollador. Con tu boca de labios discrepantes: el de abajo risueño, el de arriba algo triste. Las pestañas volantes. La nariz de pellizco. Las mejillas que devuelven la misma caricia que reciben. ¿Podrías explicarme cómo diablos digo *no*, te pongo límites y otras imprescindibles tonterías?

Una vez declarado, retorno de la hipnosis de mirarte y me aferro a mis débiles principios.

17

Te contemplo desnudo, en plenitud a tu pequeña escala. Parpadeo y la imagen se emborrona.

Desconozco este llanto de pura admiración, de reconocimiento frente a la autonomía y la desfachatez de tu propia belleza. Siento que no he hecho nada en tu escultura, aparte de cuidarte con mis dudas al hombro.

Bueno, sí, tus pies quizá son míos. Al tropezar en dirección a mí, me lo confirmas.

18

Masajeo tus pies como pan recién hecho. Recorro los lugares de tus pasos, palpo todo el camino que te espera.

Me pides que te sople la planta del derecho, secándote el sudor de tus andanzas. Y después el izquierdo. Y después los dos juntos. Tu mirada me da la proporción de nuestra entrega. Entiendes cuánto vale: lo has aprendido mucho antes que yo.

Junto a nosotros, un pañal florecido de mierda sintetiza la unión de nuestros cuerpos.

19

En la ducha te llama la atención de un modo
que no puedes explicar: ahí, colgando, al aire,
sin que nadie en la casa se sorprenda, está mi
extraña cosa, flanqueada por un par de qué–
son–esos cuya función se te hace difícil de entender.

Te gusta señalarla en toda su evidencia. Es
sólo lo que ves.

Me pregunto si encuentras alguna semejanza, si sospechas que en algo te concierne o si in-
tuyes, acaso, la semilla secreta de tu origen. Daría
lo que fuera por saber si ya sabes.

20

Te asomas a observar cómo meo de pie. Te explico lo que hago con mi cuerpo, narrando cada gesto desde manipular el pantalón hasta limpiar la punta, y tu atención me dice que recuerdas todo el porvenir.

Me pregunto cuándo averiguarás que, en realidad, hace bastantes años que tu padre orina bien sentado, igual que tu mamá. He vuelto a mis orígenes sólo para que sepas tomar tus precauciones en los baños públicos. No dejas de mirar mi miembro en plena lluvia. Nos quedamos absortos en su repiqueteo.

Sé que lo genital no te define ni, menos todavía, marca tu destino. Pero esta ceremonia antropológica pareciera envolvernos en algo radical.

En cuanto aprietas el botón y ruge la cascada, regreso a mi costumbre de creer lo que creo.

D

En el inmenso espacio que separa los reinos monosílabo y bisílabo, caben dos pies enteros. Mi hijo se ha transformado en un hablante bípedo.

Antes necesitábamos, como un código hermético, adivinar qué parte retenía de cada vocablo, qué jirón de sonido le arrancaba. La comunicación verbal, más deducción que diálogo, se basaba en partículas polivalentes: *ma, pa, ta*, y así hasta un infinito de homonimias.

Pero hemos llegado a la revolución de las dos sílabas. Las variantes se van multiplicando en progresión geométrica, los equívocos van retrocediendo. El mundo se matiza y se hace nítido en su boca, una lente enfocando lo que dice.

Ahora te entiendo, hijo. ¿Y ahora qué?

—*¿A pana? ¿Pana? ¿Pana?*

Vives oyéndolas, o esperando que suenen otra vez, en la iglesia de enfrente, el barrio entero, cada calle que pisas, un rumor a lo lejos, ding dong a todas horas, tenemos que ir corriendo a celebrarlas, te inquieta que no sean cosa nuestra: están ahí por algo.

—*¿A pana? ¿Pana? ¿Pana?*

Ojo con llegar tarde: una campana muda te deja demasiado solo. Tu forma de rezar es auditiva.

—*¿A pana? ¿Pana? ¿Pana?*

Nuestra casa se ha vuelto un campanario, tenemos una playlist con iglesias de todos los países, campanas que te llaman en un mismo idioma, repiqueteando sobre el paladar.

E

Ha notado su madre que, mientras se distancia poco a poco del pecho, tiende a mezclar palabras que antes distinguía claramente.

Ahora a la pelota la bautiza *tatai*, igual que *teta* pasa a ser *tetai*. Están a un paso de volverse idénticas. Para irse de madre, para explorar su cuerpo más allá del materno, juguetea con un sustantivo lactante.

A la papilla, que lo nutre sin leche, la llama con la misma palabra que me invoca: *papai*. Me quiere confundir con lo que come, necesita nombrarme como alimento.

No te vayas del todo todavía, *bebei*, recuerda mi sabor.

22

Inflamado por dentro con tus líquidos, órgano emancipado, sostengo tu pañal. Me agrada el pis, de pronto. Creía odiar su olor, hasta que el tuyo irrumpió en mi lenguaje olfativo.

Al abrirse me trae, este pañal proustiano, recuerdos del que era antes de ti. Toda la vida sin conocerte, hijo. Y no me hacías falta: un aprensivo a gusto, mi yo sin vos. Sin todo lo que sale de tu cuerpo. Este pis que es tu obra. Los riñones que nos unen.

Y me lavo las manos, y casi lo lamento.

23

Te indigna que te vistan. Tamaño atrevimiento. ¿Quiénes somos para envolverte cuando y como dispongamos? ¿Por qué no corretear en pelotas, mejor?

Te retuerces con fuerza: cada prenda en tu cuerpo es un grillete que te pesa en tus ansias por ir a no sé dónde.

Una cosa es limpiarte ese culo precioso —vaya y pase— y otra muy diferente, abusar del protocolo.

Entiéndelo, papá, no eres tan tonto, me digo que me dices.

24

Fui más tu padre hoy que otras mañanas. Te desperté sin prisa. Retiré tu pañal sobrecargado y te puse uno nuevo: me confiaste ese cuerpo que amanece. Te vestí entre canciones que seguían el ritmo de tus piernas. Preparé un café para tu madre (con leche, sin azúcar) y lustré sus zapatos negros, trabajadores. Sentí que estaba justo en el lugar, en ese aquí y ahora que no existe.

25

Después de media historia practicando, de tus nudos, caídas y acrobacias, ya sabes desvestirte (más o menos). Tu cuerpo es tuyo: manejas la intemperie.

Nos miras orgulloso con tu pechito al aire, tu mínimo esternón. Costillas minuciosas. Omóplatos a escala inverosímil. La barriga redonda y apretada. El miembro enrojecido.

Hecho una bola, sostienes tu pañal entre las manos. Intento arrebatártelo y te defiendes con toda justicia. A tu edad, uno ya no consiente ciertas cosas. Todo lo que hay en él te pertenece.

26

La ropa de la casa es tu misión. La sacas de la máquina y nos traes una pequeña prenda cada vez, entusiasmado por unirte a la comunidad.

—Aquí, hijo, aquí.

A veces te tropiezas, otras te distraes. No siempre tienes claro en qué sentido caminar, si debes transportar la ropa limpia hasta mis manos o quizá devolver la que separo a su vientre de origen. Y, con cada ida y vuelta, vas esbozando el cuerpo que te aguarda.

F

—¿Tú? —pregunta mi hijo, señalándose el pecho, cuando le ofrezco ayuda al pie de la escalera.

Lo escucha pronunciar a cada rato, así que lo ha hecho propio. Se toma muy en serio los pronombres.

—Tú —confirma mi hijo, respondiéndose.

Asiente, alza la vista y sube por su cuenta. Y, con cada peldaño conquistado, se acerca más a él.

27

Tu carácter se puebla de matices, de trazos que se suman al dibujo.

Ya sabes emular tu sonrisa sincera. Sirve para pedirnos que se cumplan tus deseos, y también cuando sientes que se espera de ti algún gesto adorable: la transformas en mueca con algo que podríamos llamar protoironía.

La de esta noche ha sido diferente. Te sostenía en brazos frente al espejo de nuestra habitación. En la penumbra, tu cabeza en mi hombro, canturreaba creyéndote dormido. Cerré los ojos para concentrarme en la corriente de ida y vuelta del cuidado.

En cuanto los abrí, me volví hacia el espejo y descubrí tu cara despiertísima, mirando mi reflejo, esperando a que te reconociera. Entonces inventaste la sonrisa en diferido: la de ese pasado que copia nuestra imagen.

28

Tu nuevo pasatiempo es asustarte de menti-
ra. Te miras al espejo del armario y haces muecas,
rozando tu cara con la cara que te enfrenta. Abres
mucho la boca. Muestras tus dientes nuevos. Aú-
llas ahuyentando a ese de ahí.

Pocos adultos pueden jugar al propio miedo,
espantarse a sí mismos en segunda persona. Te
pediría que por favor me enseñes, aunque temo
asustarte contándote por qué.

29

No tengo más remedio que tragarme estas píldoras para caer dormido, porque también hay huecos y apagones, porque la luz es una actividad difícil. Si hay algo que detesto es la capa ridícula del héroe, esa que oculta un cuerpo incapaz de decir

—No puedo, hijo.

—Voy a decepcionarte.

—¿Me ayudas?

—Tengo miedo.

Cuando sales del baño envuelto en una toalla, como una criatura rescatada del mar, te abrazas a tu madre —olor a pecho fresco, a sueño próximo— y yo te voy secando los cabellos, igual que cada noche, con este secador que imita a los aviones despegando.

Hoy necesitaría que nos entrelazásemos y que me protegieras sin querer, y pienso en todo eso que callamos en esta lengua a medias del amor. Decido aproximarme a tu cuerpo koala, aferrado a su tronco maternal, y —secador en mano, vuelo en marcha— te susurro al oído.

Y me abres los brazos, y nos vamos meciendo, y nos recuperamos de las peores cosas que nos sucedieron antes de nacer.

30

Para que conste al menos en alguna terapia del futuro, la joya de tu léxico no es *mamá* ni *papá*. Tampoco *agua, árbol* o *pelota*. La primera palabra que te ha fascinado, esa que identificas en un trance de éxtasis e intentas pronunciar todos los días, es *ventilador*.

Eso es, hijo mío. Ventilador.

Imposible ver uno sin que tus brazos rompan a girar. Los buscas, los detectas, los murmuras, quieres que ronroneen a tu paso, exiges que se alce cada ventilador dormido, que sus aspas celebren, que los techos del mundo sean viento.

No giran en invierno y eso te decepciona. En todas las palabras hay algo que nos falta. Enfriar la expectativa, ¿eso cómo se dice?

31

Eres un individuo consumado, un ciudadano pleno frente al verano cruel de este planeta.

Ahora tienes un ventilador.

Te lo hemos comprado en una tienda de electrodomésticos del barrio. Nos atendió un señor llamado Juan Manuel. Al traspasar la puerta te quedaste pasmado, en un shock giratorio, al contemplar el bosque de ventiladores.

Unos altos, con base ancha y redonda. Otros rectangulares, vibrando a ras de suelo. Unos cuantos pequeños y abombados. Otros muy parecidos a turbinas en jaulas. Todos ellos en marcha, rutilantes.

Salvo uno solo, más barato y de plástico negro, desenchufado en una esquina.

¿Hace falta decir cuál elegiste cuando tu madre y yo te preguntamos? El señor Juan Manuel trató de disuadirnos.

Vibra en tu cuarto, lúcido. Siempre quieres jugar cerca de él, igual que un guardaespaldas. Tus globos de colores se mueven a su antojo.

32

¿Qué es levantar una paciente torre, comparado con el goce caótico de causar su caída?

Terrorista del juego, te vemos derribar proyectos de colores e intenciones didácticas, cancelando posibles civilizaciones como un King Kong anarco.

O puede que, al revés, el sentido de tus demoliciones sea empezar de nuevo. Quedarte eternamente con todo por hacer.

33

Tu legión de animales invisibles no deja de crecer. Ya tenemos gallina con pollitos, tortuga, un par de ranas, un gato verde y otro azul. Corren serios rumores sobre algunas ovejas y hasta un pavo. No hay noticias aún sobre las vacas.

Los invitamos a entrar por el balcón, cuidando que sus alas, plumas, colas y patitas no se enreden. Y cerramos la puerta cuanto antes, para que los mosquitos de la realidad no devoren tus piernas paliduchas. Lamento confirmar que son las mismas alergias de tu padre.

Les damos de comer, uno por uno, migas de pan, maíz, frutas y algas. No sabemos muy bien qué son las algas: nos ponemos a ver algunas fotos. Descubres que a las ranas les gustan los insectos. Entonces me suplicas que abramos el balcón para que vengan todos los mosquitos, así las pobres pueden alimentarse.

Trato de disuadirte. Lloras. Se nos ha roto el juego.

34

Cuando tenía más o menos tu edad, paseando con mi madre por San Telmo, nos detuvimos a mirar juguetes. Entre las mil opciones, elegí al parecer una que no debía.

Le supliqué insistentemente. Yo quería eso, eso. Y ella se negó suponiendo que así me protegía. ¡Había tantas cosas más lindas y apropiadas! Pedí una cocinita: mi madre me sacó de semejante error. Obtuve una pelota, una espada, yo qué sé.

Hoy tu abuelo, con su barba de nieve y su memoria viuda, te ha traído un regalo. Feliz cumpleaños, hijo: esta cocina es nuestra.

G

Mientras agita un dedo a la intemperie, como ese molino en la maceta, se entretiene soplando negativas.

—*Nu, nu, nu.*

El *no* se ha convertido en golosina, disfruta paladeando su dulce redondez. El *sí* también es *no*, rechaza todo aquello que él mismo había pedido, no quiere ni siquiera lo que quiere.

Un dilema metódico: si respondo que no a sus negaciones, ¿asentirá para contradecirme?

—*Nu, nu, nu.*

Mal chupete, la lógica.

35

Más que en la fecha, lo excepcional de hoy está en tu modo de registrar el tiempo. Es la última vez del resto de mi vida que no sabrás que es mi cumpleaños, ni de qué se trata un cumpleaños.

Todavía no estás en ningún calendario, en los rituales de la finitud. Te veo al borde, a una mano, a nada: te intrigan las canciones y las velas. Así que el año próximo todo será distinto. Celebraremos nuestros nacimientos, su suerte transitoria. Empezaremos a apagarnos juntos.

Ahora sopla más fuerte, por favor.

36

Jugás con su fantasma anticipado. Hay un secreto en esta habitación repleta de muñecos: el padre de tu padre va a esfumarse mucho antes de lo que merecés.

Tu abuelo riega los relojes cuando juega con vos a la pelota blanda, a la flauta de plástico, al globo de anteayer.

Lo miro y casi temo tocar su espalda curva. Me acerco poco a poco. Su cuerpo está en el mío.

37

Hoy fuimos a la casa de tu abuelo a cuidar los violines de mi madre. Bajamos los estuches con cuidado, los abrimos cerrojo por cerrojo (¡trac!, ¡trac!) y desnudamos de velos la madera.

Mojamos las esponjas humectantes, más secas que ladrillos. No es un agua como la que bebemos, ¿sabes?, sino desionizada, en fin, da igual. Las devolvimos a sus recipientes. Y las acomodamos debajo de los mástiles.

Dudaba si ponerlos a tu alcance, porque son instrumentos delicados. Finalmente dejé que pellizcaras las cuerdas flojas. El cuarto se llenó de arpegios de vanguardia. Sonó desafinada la memoria.

Y será lo más cerca que estarás de tocar a tu abuela.

38

Buscas infatigable la regadera verde, aunque apenas consigues sostenerla. Mojas a todas horas el patio y el balcón. Hasta sin agua, riegas. Nuestro guardián de las plantas en seco.

A lo lejos, comienzan a fluir tus ancestros de allá. Una línea remota de raíces que olfatea quizá tu nariz incipiente.

—Llená la regadera, por favor.

No parece mi voz la que lo dice. Es mi padre, o el padre de mi padre, los dos tan jardineros.

—Siempre está llena.

Y ya no importa quién me ha respondido.

39

Hoy, por primera vez, me has narrado a tu modo un acontecimiento del pasado.

A punto de caerte frente a la biblioteca, recuperaste el equilibrio. Miraste esos estantes que no llegaron a rozar tu cuerpo, los señalaste acusadoramente y te frotaste el cráneo.

Justo ahí, hace unos días, te diste un golpe que te hizo llorar y abrió una brecha en esa sucesión de presentes que habitas.

Ahora tienes memoria: sabes qué te duele.

H

—Pasó coche.

Me dice, nada menos.

Pasó coche, con todo su pretérito. Ya declara que hay algo que se va, que no todo es presente. Que hay algo que se marcha.

—Pasó coche.

Nos quedamos inmóviles oyendo su rumor, hasta que se disipa.

Y hay alguien que se aleja, y es mi hijo pasado, a la velocidad de las palabras.

40

—Ver cosas.
Hijo, quieres
—¡Ver cosas!
Me lo dices restregándote un ojo con el índice sucio. Se trata de tu juego preferido: salir a leerlo todo.

Te acercas a pedírmelo muy serio, con toda tu esperanza. Observar es el plan. Ya vendrán los hallazgos por sí mismos. Ver cosas, así, en crudo.

Jamás me atreví a tanto.

41

Acaban de cruzar sobre nuestras cabezas. Mirando fijamente al mediodía, le exiges a este cielo que gotee bandadas, como si lo ordeñases.

—Más. Más pájaros.

Si han pasado una vez y después otra vez, para qué detenerse justo ahora. ¿Se cansa la belleza?

—¿Más? ¿Más pájaros?

Así son tus plegarias: miras arriba y pides un deseo.

42

Nunca he necesitado tanto dinero ni me ha faltado tanto cada mes. ¿Qué queda exactamente del consumo cuando todo lo agarras, remueves y festejas sin la noción de compra? ¿Qué sentidos posibles o rebeldes adquieren todas estas mercancías, con su acumulación de formas y texturas, cuando aún no pretendes poseerlas?

Antes me disgustaban los centros comerciales: tú los resignificas correteando de un lado para otro, desmantelando nuestros discursitos. No importa qué opinemos tu madre profesora o tu padre barbudo. La atención cambia la economía.

43

Toma, hijo, este sobre está lleno de tiempo, de dolores de espalda y cuerpos de frontera, de mujeres pariendo como pueden a niños con tu cara, de trabajos perdidos, odios complementarios, sangre, dudas.

Este sobre está lleno de dinero y miseria, de falsificaciones, juguetes para unos y balas para otros, de límites y leyes, escuelas con agujeros y camas de hospital: está lleno de mierda igual que tus pañales.

Este sobre contiene unos cuantos derechos, también tus opresiones. Tu bien, tu mal menor. Todo eso será tuyo.

Sí, corazón, ahí, en la urna. Esa caja de plástico. Ojalá tengas suerte.

I

—Ese no. Este sí.

Formula su elección sin vacilar. Indaga en la estructura binaria del deseo, sus yuxtaposiciones. Vemos la trayectoria del dedito, que ilumina o suprime según su voluntad.

—Este sí. El otro no.

Obedecemos con admiración lingüística. Y somos los esclavos que conciben al amo y creen elegir su condición.

44

—¿Cómo estás?

—Muy cansada. ¿Y tú qué tal estás?

—Cansado, sí, también.

Ya no hablo de nada con tu madre, salvo de ti, que es mucho. Alguna que otra vez hablamos sobre cuánto extrañamos hablarnos.

—Te extraño.

—Yo también.

—¿Desde cuándo?

—No sé.

La máquina logística atropella a quienes la conducen. Aplastados por esta intensidad, aquí seguimos, tan incondicionales como el daño. Si amor y resistencia se engendran mutuamente, entonces conocemos nuestro origen.

Nos has quitado todo nuestro espacio. Nos has abierto un campo gigantesco. Te estoy siendo sincero las dos veces.

Y te tomo la mano y caminamos a ritmo principiante, y le debo a tu madre cada paso.

45

En plena oscuridad, un brazo me golpea. Abro los ojos por enésima vez.

—¿Eres tú o es el niño?

Invadida la cama que nos pertenecía, o repoblada por tu breve cuerpo, me pregunto si habrá un momento razonable para distribuir de nuevo los espacios. Quiénes se quedarían, en el fondo, más solos.

Tu madre te amamanta en un estado tan fronterizo como nuestro lecho: no está dormida ni del todo despierta. Lee tus movimientos en la sombra, agotada.

—Ese es tu propio brazo.

46

Almorzamos a solas, en un sitio agradable, por segunda o tercera vez desde que naciste. Sé que la culpa es nuestra, por supuesto. Fuimos una pareja tan independiente que ahora no sabemos gestionar dependencias. Nuestra historia tenía un centro propio. Nadie nos entrenó para tus resplandores.

Tu madre se ha comprado unas preciosas botas amarillas. Irradia levedad como en los viejos tiempos. Me temo que no traigo ropa nueva, aunque la he combinado con esmero.

Levantamos las copas. Nos sonreímos, torpes.

No quiero hablar de ti, no en este instante; pero soy incapaz de resistirme. Se lo confieso y nos miramos con alivio. Se encuentran nuestras copas. Y bebemos de un trago, con atolondramiento, nuestro tema.

47

Te has quedado cenando con tu abuelo mientras tu madre y yo salimos. Si todo marcha bien será él quien te acueste, y con bula papal para eludir el baño.

Liberados, inquietos, pastoreamos.

Los mensajes que llegan del campamento base son tranquilizadores. Has comido un montón. Los pañales en orden. Te has dormido enseguida. El abuelo te contempla orgulloso, sentado frente a ti.

Nos pedimos incluso —lo nunca visto— un postre.

Al regresar a casa todo está en sombras, mudo. Sólo se oyen, de fondo, las aspas incansables de tu ventilador. Avanzamos tratando de flotar. Nos susurramos. La conjetura es fácil,

—Se han dormido los dos.

Al entrar en el cuarto, lo que vemos es esto: sentado en tu sillita, muy erguido, observas a tu abuelo roncando entre muñecos y almohadones. Duerme como un bebé.

J

Desde hace unos días no repite tan sólo sustantivos, como quien enumera sus tesoros, ni los verbos que nombran sus impulsos. Ahora tiene la llave que abre otros sentidos. Conoce la partícula secreta. Un puente entre archipiélagos semánticos.

Ha descubierto una preposición.

A lomos de su *a*, mi hijo va adonde quiere. Con *a* nos dice *con* y *en* y *para*: esa vocal abierta es compañía, lugar, motivación. La usa sin descanso porque nota su alcance.

Con una letra mínima y crucial, palanca de la lengua, levantará su mundo.

K

Lo vamos traduciendo gradualmente. Él crece como crecen su gramática y nuestros mecanismos para descifrarla. Vivimos siempre al borde de entendernos.

—*Mo a ca*.

De camino a su escuela, paramos el carrito. Nos mira convencido de saber lo que dice. Y extrañado de que no comprendamos lo evidente. Su madre frunce el ceño.

—*Mo a ca*.

Tengo la sensación de que no desconoce las palabras: somos nosotros quienes ignoramos su léxico. Su elocuencia está ahí, también la precisión de cada sílaba y la curva melódica.

Intento concentrarme igual que si estuviera frente a un texto en latín. Las opciones permutan y se agitan, tratando de ensamblarse.

—*¡Mo a ca!*

De repente, todo se transparenta. Telmo. A. Casa. Él en casa. Quedarse en casa. No quiere ir a la escuela. Por fin, por fin.

Y, una vez traducida la intención del autor, seguimos empujando su carrito en sentido contrario a su deseo.

48

Hoy, en el aula, cambiaste la tristeza de lugar. En vez de lamentar tu cautiverio, lloraste señalando a cada criatura que lloraba.

Cuando alguien acudía a consolarla, volvías a tus juegos tan alegre.

Pasaste la mañana entera así, de un lado a otro del espacio común, ensayando el dolor en el dolor ajeno.

49

Estoy llegando tarde a buscarte a la escuela. Mientras corro, imagino tu cuerpo en un rincón, tocado por la luz de una ventana, atento a los vaivenes de la puerta. Me pregunto si tienes noción del abandono, si acaso nuestro apego te habrá inmunizado, o si estos asuntos son cosa de mi infancia.

Desde el primer recuerdo, los padres llegan tarde a las escuelas, llegan tarde a los parques, las fiestas, las pediatras. Los padres llegan tarde a los secretos íntimos que más les concernían. Llegan tarde a los juegos que comenzaron otros. Llegan tarde a los cuerpos de sus hijos, al sobresalto mismo de que existan. Tarde. Padres. Llegamos tarde a todo, salvo a la muerte.

Cuando irrumpo en el aula despeinado, escondiendo la angustia como puedo, aún quedan dos o tres de tus compinches y pareces tranquilo. Intento recrearme en nuestro abrazo, compensar no sé qué. Pero estás mucho más interesado en mostrarme una cebra medio coja y el dibujo de un sol con los trazos borrosos.

50

En tu vida social fuera de casa, admites los purés que tanto odiabas, despiertas a tu amigo de su siesta y te has iniciado en cierta danza donde los cocodrilos son mascotas.

Has perdido pureza porque te ha entrado el mundo por la piel. Andas mejor, más ancho, impropio. Te educas en acorde. Suenas raro. Eres tú.

L

Goza nombrando el cero, el uno, el ocho. La luna, las estrellas, los aviones. El naranja, el azul, el amarillo. El limón, la manzana, el aguacate, que es palta en otro lado y ya le consta. Los geranios, las rosas, los cipreses. Los monos y palomas y, muy especialmente, cocodrilos.

Todo tiene colores o sabores que se interrelacionan de algún modo. Su ciencia y su menú son una sinestesia.

Del barco le interesa el ancla. Del tobogán, la escalerita al suelo. De nuestras flores, la maceta con tierra. Busca las metonimias del arraigo.

51

Soy pésimo bailando. O eso creí, al menos, desde niño. ¿Confundí la torpeza con el pudor? Todo el camino huyendo de la danza y la mirada ajena, espejo de la propia. Toda una vida en ritmo para adentro.

Hasta que vos llegaste para rebobinar mis piernas.

Ahora bailamos juntos cada día —ojalá lo recuerdes— como un gesto tribal, una celebración sin causa o un antídoto contra algún futuro hostil.

Y en tu colegio creen que me encanta.

52

Tu primera guitarra no te cabe en los brazos. Acabo de traértela para que la destroces con fervor. Esas clavijas tienen poco futuro, sus cuerdas durarán bastante menos que tu curiosidad. No pude resistirme: andas siempre rasgueando en tu barriga.

Te la entrego con cierta ceremonia. Agarras la guitarra con firmeza. Le das la vuelta y tocas el tambor.

53

La música argentina que te pongo me hace llorar a mí. Su cadencia infantil se oscurece entre líneas y resiembra el oído.

Vos que sos español sin saber que lo sos, vos que tenés sonidos, frutas y pronombres que descubrí de pronto en mi niñez de acá, vos que absorbés canciones y tenés cada orilla por delante, ¿querés bailar conmigo?

M

Le quedan meses, semanas, días para descubrir que su padre nació en tierras lejanas, y que aprendió una música verbal distinta de la suya. Volveré a ser un extranjero recién llegado, al borde del balbuceo.

Rodeados de léxico incipiente, nuestras conversaciones se bifurcan.

—Vamos a los columpios, que se llaman hamacas.

—¿Querés una frutilla, que aquí se dicen fresas?

—Cierra el grifo, mi amor. ¿Cerrás esa canilla?

Por ahora, él asume con fluidez estas duplicidades. Me pregunto qué hará cuando la tribu y la costumbre empiecen a imponer sus jerarquías. ¿Sentirá que le sobra un hemisferio? O, al revés, ¿actuará el magnetismo migratorio y escuchará algún día su llamada?

Mientras tanto, estudiamos geografía.

—Hijo, ¿de dónde vengo?

—De casa. Casa.

54

Desde que reconoces los antónimos, tu mirada persigue oposiciones. ¿A qué hemisferio pertenece cada objeto? Te preocupa lo *lleno* y lo *vacío*.

Lleno el cajón de ropa, el estante con libros, ese vaso de agua. Vacío el bol de frutas, tu zapato en el suelo, el vaso entre tus manos. Llena tu mesa de pinturas de colores. Vacía cada página, esperando dibujos.

Esta semana acabas de iniciarte en los conceptos intermedios. ¡Son tan contraintuitivos! Aceptaste *mediano* con cara de renuncia. Algo que no es ni grande ni pequeño, en el fondo, es absurdo.

Pero tu cuerpo agradece lo *tibio*, y calibras el agua con deditos mecánicos. En el laboratorio de tu bañera plástica, intento sugerirte que no siempre deseamos los extremos. Por un instante pareces convencido.

—Quiero muy tibia. ¡Muy!

55

Cuando salgo de viaje, actuamos la verdad. Buscamos ceremonias que adquieran una forma de recuerdo.

Sacamos la maleta juntos, la tumbas y la abrimos. Me ayudas a doblar la ropa o, mejor dicho, a arrugarla. Repasamos los nombres de las prendas, igual que sustantivos llenando un recipiente. Te encanta tironear de los elásticos y lanzar calcetines que rebotan y vuelven a salir.

Cerramos la maleta con cuidado. Para ti es importante comprobar el mecanismo, una vez y otra vez. El taxi está esperando. Empujas mi equipaje sobre ruedas. Entonces aprovecho para recordarte los detalles de nuestra despedida. Los medios de transporte, los lugares, los días con los dedos. Lloré con tu respuesta de hace un rato.

—Avión grande. Papá pequeño.

Nunca había escuchado resumir el exilio y la distancia tan sinópticamente.

Si al regresar de viaje no te encuentro, tu madre y yo nos coordinamos para escenificar la realidad: unos minutos antes de que entres, vuelvo a salir con mi equipaje a cuestas. Espero hasta saber que estás en casa, y entonces ejecuto mi *rentrée*.

El corazón no es más que estas narrativas que le van dando forma.

56

Te pido que dibujes banderas del país en el que estoy. Así cohabitamos y nos hacemos una misma tierra. Te gustan las banderas latinoamericanas, o quizá notas cómo las festejo.

La de Argentina tiene algo de cielo en dibujos de infancia, de una casa a lo lejos. Según tú, la de Bolivia es mucho más bonita que la de España, porque le agrega verde. Y el verde, como todo el mundo sabe, es importante.

Hoy me has enviado la de Ecuador: una franja amarilla muy solar, un manchurrón azul con mano fuerte y unos rayajos rojos que transmiten esa belleza accidental del apresuramiento. La miro y me parece que ahora estoy más aquí, que he aterrizado en la patria del pensamiento mutuo.

Tus banderas actúan al revés que el patriotismo: se extrañan de tener significado, se acercan con asombro a todas las demás. Estamos intentando separarlas por continentes. No te resulta fácil ni, mucho menos, lógico. Lo de México/Italia te tiene intrigadísimo: son los mismos colores, ¿o no son?

57

Estoy por despegar hacia una isla y resuenan las aspas de mi terror aéreo. Este cacharro no me gusta nada, ¿sabes? Mientras va levantándose, no muy derecho que digamos, me hormiguean los pies y los hombros me rozan las orejas.

Entre tú y yo, por mucho que lo llamen *helicóptero*, es tan sólo un enorme *ventilador*.

El sol ya parpadea. El mar se ve como una alfombra usada. Sus arrugas no se pueden planchar, igual que nuestra ropa. ¿Tú te acuerdas del mar? Lo vimos una tarde. Tenías un gorrito que te molestaba.

Te visualizo huérfano con una facilidad ridícula, y sin embargo hablarte me protege. Tan cerca que hasta muerto te recuerdo.

No es vértigo: es un hijo.

58

Si llamo por teléfono, reclamas que aparezca.

—¿Se ve? ¿Se ve? ¿Se ve?

Activamos la cámara y, en cuanto te sonrío, das zarpazos de oso a la pantalla. Mi imagen es tu presa. No sé si es entusiasmo, curiosidad o rabia.

Tu mano busca el rostro de tu padre, propiciarlo de un golpe. Como si, de un contacto brutalmente analógico, pudiese resurgir una presencia. Tu madre te sujeta frente a mí, intentando que aceptes un amor más elíptico.

—No lo toques, mi vida, que se va.

Cumpliendo su pronóstico, se corta la llamada nuevamente. Tu padre se te apaga. Reaparezco enseguida. Y vuelves a intentarlo. Tú, que aprendes tan rápido, te niegas a entender cómo funciona.

Ojalá tardes mucho todavía. Ojalá que me enseñes a no dar el cuerpo por perdido.

59

Cuando viajo, le pides a tu madre que reproduzca (ese es el verbo: una vez y otra vez) vídeos de los momentos que pasamos juntos. De nosotros jugando y corriendo y bailando y comiendo manzanas. Instantes que no expiran, que están siempre, disponibles e idénticos, en un plano del tiempo que me pregunto cómo ordena tu conciencia.

¿Hasta qué punto son representación esas imágenes? En la novela de tus emociones, ¿las asimilas como sucedáneos o presencias en sí?

Estoy en el teléfono y, por tanto, no estoy. Mis presencias y ausencias concentradas en un solo aparato que se parece mucho a una familia.

60

El paisaje te abruma, distrayéndote de nuestros garabatos. Es demasiada realidad. Te trepas al asiento del tren.

—Las zapatillas, hijo, que se ensucia.

Son bonitos los árboles, sí, sí, las rayas de la hierba, las montañas. Muy bien los animales, las casas, todo eso. Pero no tienes ganas justo ahora. Y ya sabes qué hacer. Desde tus parpadeos digitales, repites impaciente

—¡Apaga, apaga, apaga!

Pero las ventanillas no funcionan.

61

Esto es flotar. El principio de Arquímedes, digamos. Se trata de confiar el cuerpo al agua, igual que, de bebés, nos damos al abrazo de algún desconocido. Los brazos bien abiertos: imagina que abarcas una orilla sabiendo que te esperan muchas otras.

Así, muy bien. Así.

Con la cabeza arriba, siempre atenta. Si quieres sumergirla, para que también naden las ideas, absorbe todo el aire que encuentre tu nariz, levanta las dos manos hasta el cielo y sopla, sopla mucho al descender.

¿Alguien va a protegerte? Por supuesto que sí. Por supuesto que no.

N

En los últimos días, la palabra *roto* le genera una angustia hipersemántica. En cuanto la decimos se le saltan las lágrimas, como si presintiese que nada es totalmente reparable.

—No pasa nada. Papá y mamá lo arreglan.

Y, en su mirada de esperanza a medias, de iniciación al daño, me parece que hay algo irreparable.

Ñ

Desde que nuestro hijo chapurrea, ha empezado a pegarle a su mamá. Son bofetadas breves, temerosas, como quien explorase alguna ley sagrada. Censuramos su gesto. Se arrepiente. Y reincide.

Cuando era preverbal, no le faltaba nada a su lenguaje. Se sentía completo exactamente así. Pero, ahora que sabe que apenas sabe hablar, lo noto incómodo con sus limitaciones. Tiene que combatir para expresarse. Escucha el eco de sus omisiones.

La violencia sin nombre de la lengua materna.

62

Divido los peligros por tamaños. Hago lo mismo con tus posibles agresores. Las jerarquías de la edad, las intimidaciones de lo varonil. Tuve una infancia fea, hijo. No quiero proyectar pero proyecto. Y estas criaturas imperando desde la cima de su tobogán me dan razones. Son víctimas y bestias en lento desarrollo. Sé muy bien lo que hacen, conocí su futuro cuando yo era pequeño. Tuve una infancia fea. No quiero proyectar pero te empujan, te amenazan subiendo los peldaños. Aparto con firmeza sus brazos de tu cuerpo, nos miramos y somos este pulpo en movimiento, un mismo ser en tiempos diferentes.

63

Son demasiado fuertes, o tienen en su cuerpo resortes que no encuentras todavía en el tuyo. Juegan con rapidez abrumadora, te rozan como aviones, dan saltos imposibles, van escalando hierros en contra del instinto o de la lógica.

Entiendo, entiendo. En este parque hemos jugado todos.

Ahora que lo sabes, sepárate unos metros del padre vulnerable que te observa y sube, muy despacio, al caballito rojo.

64

Es la primera vez que te deslizas solo por el tobogán. Lo has hecho a tu manera, tan reconocible.

Al borde del abismo reculaste, dudando por un lado y, por el otro, tomando ya el impulso. Te dejaste caer a la velocidad exacta del placer sin daño, regulando los frenos de tus sandalias. Fuiste perdiendo la aceleración. Aterrizaste casi detenido, dueño de tus límites.

Y te pusiste en pie lleno de euforia, aplaudiendo tu estreno en la aventura, corriendo nuevamente en dirección a esa escalera cada vez menos alta para ti, cada vez más lejana para mí.

65

Van a poner a prueba tu carita radiante: los golpes en camino me duelen de antemano. No sé si tu dulzura está hecha de una fibra resistente al tiempo. Te durará, supongo, manchada de violencia.

No es que seas un ángel, sólo vives un recorte benévolo del prójimo. ¿Está en mí o en la calle esta certeza? Si me anticipo, ¿te voy a proteger o envenenar?

—Puede que no le pase.

—Mejor que lo sepamos.

—Depende del colegio.

—Depende de que haga artes marciales.

Le has dado al otro niño tu pelota, una de cuero, roja, poco inflada, y él te la ha devuelto suavemente.

66

Corres entre los setos. Disfrutas con sus ángulos, con las trampas de toda geometría.

Crecer, ¿estás de acuerdo?, es perderte a propósito, buscando tu problema mientras juegas. Y gritas

—¡Bien! ¡Muy bien!

con los brazos en alto, sonriendo triunfal, cuando por fin encuentras la salida para volver a entrar al laberinto.

O

Jugamos a inventar idiomas cómicos. Intercambio con él disparates fonéticos. Lo hace mejor que yo, porque no tiene apenas referentes. Su no-palabra preferida es algo así como

—*Kiapa cublú.*

A mí me cuesta desandar el léxico, me traicionan los rastros de raíces y las homofonías. A veces lo consigo si omito las vocales y emito una cascada de consonantes. Charlatán fundador, él me dice

—Muy bien.

P

Voy a cambiar de hipótesis: con el habla inventada, está probando un marco diferente. Romper la jerarquía entre interlocutores.

En su lengua materna, nuestro hijo se siente en inferioridad. A menudo no sabe, no le alcanza o no lo entienden. Se esfuerza en cada frase. Trabaja de discípulo. Improvisar idiomas es horizontal. Ahí, desde la falta de significados, tiene soberanía en los sentidos.

Oyendo los antojos de su boca, encuentro absurdo hablar en cualquier código ahogado de gramática. Intento, poco a poco, olvidar mi herramienta, mi suelo. Soy esta infancia de cuarenta y pico.

67

Cuando salgo de casa en actitud de adulto con misión, pienso si te imaginas mis actividades de forma misteriosa. ¿Qué vida habrá sin ti? ¿Qué hará papá en la calle, que es tan ancha? ¿Qué asuntos importantes lo requieren?

Ningún misterio, hijo, y muy poca importancia: no sobreestimes nunca mis ausencias. Al andar por ahí, cumplo con mi deber como una cáscara. Te tengo en mente casi todo el tiempo.

Y ahora, si no es molestia, el abrigo, las llaves y este gesto imposible de señor.

68

—No llores, es un rato.

Que tu mamá trabaje también te nutre. No me refiero al presupuesto del menú que devoras sin conciencia de clase, sino a los personajes que cocina tu memoria.

—Vuelvo enseguida, en serio.

Quisieras una madre unánime, pero estos paréntesis son parte del discurso: cada vez que se va, continúa enseñándote a distancia.

Y, cuando al fin pisamos la ciudad sin tu peso, nos cava en todo el cuerpo un desamparo que jamás confesamos, para que no nos tumben las contradicciones.

69

Es bueno que me peses en los brazos. Noto cómo los kilos valen tiempo, cómo engorda el presente cuando te duermo, hijo, o te transporto con la espalda al límite, o salimos a ver estrellas al balcón.

—¿Cuántas hay? Cuenta bien.

En mi vida anterior no sentía llamadas de la especie, ni tampoco mandatos incumplidos. Nada de eso. Me sentía feliz hasta donde el buen gusto lo permite. Lo que desconocía era tu peso: esta materia mutua que sedimenta aquí, entre ser y acabar.

No te echaba de menos ni supliqué tu nombre. Es justo que lo sepas. Simplemente llegaste a bordo de la luz, instalaste un sentido y me rehiciste. Es bueno que me peses en los brazos.

Esta, mi hernia, es tuya. Te la ofrendo como un paquetito con su víscera.

—La operación fue simple. Tres breves incisiones.

Caminar juntos tiene algo de secreto dolor, alegría y desgarro. Por lo menos he puesto un poco el cuerpo, una mínima parte del que entregó tu madre para que tú vinieras.

—De cuatro a seis semanas. Después vida normal.

¿Qué es la vida normal con nuestro caos, este amor principiante, mi no saber qué hacer?

—Estará bien. Seguro.

Y mientras tanto tú, minúsculo y gigante, extendiendo los brazos frente a mí.

—Y no levante peso por un tiempo.

Ven a mis brazos, ven, rómpeme y cúrame.

71

En tus rompecabezas parece haber un lento autorretrato. Necesitas armarlos varias veces al día, como verificando que siguen disponibles, que su sentido no se desvanece.

Tienes el de los cubos de madera, capaces de caballos, sirenas y castillos. También el de los números, con tu eterno dilema entre el nueve y el seis. El que une las cosas con sus formas geométricas: ¿de verdad los pasteles son pentágonos? El de los animales que se duermen a la sombra de un árbol, tan bienvenido para irte a la cama. Y está el de las verduras, por supuesto, que completas durante las comidas.

Empezaste por dos o tres fragmentos, a semejanza del vocabulario. Esos rompecabezas son cada vez más grandes y complejos, mapas a escala de tu realidad.

Quizá sospeches que esta es otra pieza.

Q

Jugar es una forma de obsesión. Su obsesión preferida, este rompecabezas del abecedario. Lo deshace y rearma, fijando las nociones con una disciplina que rara vez he visto. Vive en estado de investigación. Yo trato de aprender cómo se aprende todo. Lo supe y lo olvidé.

Organiza las letras sin la arbitrariedad del orden alfabético. Le interesan las líneas que se asocian y pueden distinguirse. Una O no es lo mismo que una Q. La E no es una F. La P roza la R. La Z: una N puesta en pie.

Qué extraño y caprichoso, de repente, el dibujo de estos signos. Cuanto más observo deletrear a nuestro hijo, menos entiendo cómo sé lo poco que sé. Junto a sus manos, soy un analfabeto de regreso.

R

El mundo es, para él, una sopa de letras. Se aplica al deletreo de los abecedarios circundantes, insiste en descifrar su jeroglífico. Cuando al fin lo consigue, ¿entonces qué? ¿O de eso se trata, es un fin en sí mismo?

En un instante de descuido, se lleva mi teléfono a su cuarto. Lo veo detenerse en un rincón y ponerse a teclear con ese gesto de las grandes tareas, asomando la lengua por la boca.

FFZS8 RÈCH

I A5KI LB N Z 1FN ZZ

Y ese es su mensaje. Y me convence.

72

Inspeccionas los libros de nuestra biblioteca: quieres asegurarte de que en las partes blancas no dice, de verdad, nada de nada.

—Aquí no dice nada.

Lo repites con cierto escepticismo, como si ya supieras que un discurso vacío es imposible. Repasas con tu dedo de hormiguita cada espacio que flota alrededor.

—¿Aquí no dice nada?

Más que afirmar, preguntas. Dudas de lo que ves. Igual que cada una de estas páginas.

73

Si encesto mi bolita de papel, asientes con tibieza. Pero si cae lejos, todo son carcajadas, ruegos de más y más.

Has descubierto el placer del error. Te miro rematar las cosas malamente, parodiando cualquier expectativa: en vez de perseguir mi aprobación, festejas tus fracasos en voz alta.

Los aros del color equivocado.

Las letras en los huecos que no les corresponden.

Torres insostenibles.

Ese rompecabezas donde no encaja nada.

Después de tanto esfuerzo por absorber las reglas, meter la pata es nuestro nuevo lujo. No sabes el regalo que nos haces.

Hoy no nos hemos divertido tanto. Me has dicho a casi todo, incluidos los juegos que te encantan,

—No, ¡no quiero!

Me has pegado en la pierna y los testículos con rara puntería, me arrancaste la barba sin dudarlo. Te negaste a subir al carrusel al que llegué corriendo, sudoroso. Y sólo festejaste una manzana.

—Verde no, roja, ¡roja!

No hubo observaciones memorables. Ninguna anécdota me estremeció. Son quizás estos días, tiernamente mediocres, los que hacen que seamos quienes somos, que estemos siempre cerca.

75

Para enfocar el sueño, salimos a la noche y levantamos la vista. Repasamos los bártulos del cielo, trazando con un dedo las líneas que los atan. Nombramos las estrellas, algún avión errante y, si hay suerte, la luna.

Sabes localizarla mucho antes que cualquier ojo adulto. Te iluminas en cuanto la detectas, igual que en un teatro. Ese instinto lunático me parece una especie de omnisciencia. Una omnisciencia desde tu carrito.

Tu agitación al verla conspirando allá arriba te integra en una logia de vagabundos, perros, poetas y lechuzas. ¿Adivinas a cuántas de estas categorías pertenece tu padre?

76

Este cuento del búho que cae de su nido, que se pierde y que busca a su madre me fastidia. Omite a priori al padre, en un fuera de campo narrativo.

Nos la pides sin falta cada noche, como parte del orden que sostiene tus horas: la historia de este bicho que lo único que quiere es volver a su nido cultural. Te la leo por enésima vez, sin muchas ganas.

—Y ahora a dormir, hijo.

—Con papá.

77

¿Qué intimidad es esta, mucho más desnuda que la carne? Te vemos retorcerte al borde de la cama, pequeño fuelle roto. Te toco el cráneo ardiente. Tosemos al unísono: es la orquesta del cuerpo compartido.

Coleccionamos virus y bacterias, pertrechados de esa terca defensa que llamamos amor. Gastroenteritis, fiebres, sarpullidos. Conjuntivitis, llagas, picaduras. Y, por supuesto, tus ubicuos mocos.

—¿Quedan pañuelos?

—No.

—¿Toallitas?

—Menos.

Nuestra familia es un laboratorio de todo lo que puede contagiarse. Por supuesto, eso incluye el inconsciente. Y para eso no hay cura, ya verás.

S

Incapaz de dormir, esta noche no me ha pedido agua. Hoy, por primera vez, quiere *más* agua. Un matiz abismal. Qué sed tan diferente, la que esconde un adverbio debajo de la lengua.

—Más agua. Más. Más agua.

Me empapan estas gotas de gramática que se van añadiendo a su deseo. *Más* que antes es mucho y, potencialmente, todo: es la conciencia de una expectativa. Que será defraudada, como todas.

—¿Más, hijo?

—No. Más.

78

No diferencias entre *aquí* y *ahí*. No necesitas esas coordenadas para tu caminar pingüino. Igual que nos sucede a los demás, tu gramática es tu visión del mundo.

Me pides que me siente junto a ti en cada banco, escalón o portal. Obedezco. Miramos hacia el frente. Nos quedamos tan sólo unos segundos en esa posición. Te levantas de un salto, y recomienza el ciclo. Más que hacer una pausa o un descanso, se diría que buscas la sensación de domar el presente, de ser dueño del tiempo microscópico.

—Ahí, ahí.

Lo dices apuntando, con el dedo manchado de qué sé yo, al espacio que ocupas.

T

Ha descubierto las fuerzas adverbiales: las
desliza en cada frase que logra producir.

—¿Pelota? ¿Parque? *¿Ya?*

El único momento que domina se llama jus-
to *así*. Tiene el ritmo frenético de la satisfacción;
también dura lo mismo. Después, cuando poda-
mos, hablaremos del *después*.

Si algo, alguna vez, estuvo en algún sitio, él
tiene la esperanza de que *ahí* continúe. Todo lo
recordado merece permanencia. *Todavía* es *ahora*
con un mayor empeño, con una voluntad que él
reconoce: que las cosas se queden, no se vayan.

Papá. Ahí. Todavía.

79

Tu maestra nos dice que has bailado con Emma, que se parece a ti cuando sonríe, tímida y descarada al mismo tiempo. Cuando Emma te abraza, tú te quedas inmóvil, abrumado por un campo semántico pendiente de explorar. Te gusta estar con ella, pero no que se acerque demasiado: un acompañamiento desde la individualidad, cada cual a su juego.

Más allá o más acá de tus afectos, en la escuela nos cuentan cómo comes, si duermes, cuánto cagas. Sintetizan tu cuerpo en un cuadrante. Eso me inspira gratitud y una pizca de celos: antes eran secretos de familia.

En tu escuela también frecuentan un costado de ti que desconozco. Tratan con otro niño, un personaje tuyo que no hemos descubierto.

80

Te duermes, nos informan, de la mano de tu compinche Óliver, con quien últimamente juegas mucho y que te pega un poco y al que un poco le pegas. Te duermes de su mano cada mediodía. Respiras junto a él entregado, en pañales.

Quién pudiera volver al amor innombrado de esos cuerpecitos, con el imaginario todavía desnudo, previos a la alambrada identitaria, sin guardianes de esto o de lo otro, cuando vigilia y sueño pueden converger.

81

En la escuela nos piden, por detrás de un car-
tón pintado a la acuarela, unos versos que hablen
sobre el viento. A mamás y papás nos mandan
más deberes que a cualquier estudiante.

Admito que me agrada esta tarea: tiene algo
tribal y necesario. Venimos repitiéndola desde
que el aire corre y las palabras migran. Voy virgen
al encargo, nunca he escrito un poema para niños.
Excepto, claro está, ese niño inmanente cuya voz
nos orienta.

Mientras comes un huevo y aceitunas, gara-
bateo en una servilleta, a la ancestral usanza del
siglo veinte, mis primeras rimitas para ti. Ojalá te
diviertan o me tengas piedad.

> *El aire tiene prisa*
> *por llegar a su casa*
> *y se muere de risa*
> *sin saber lo que pasa.*
>
> *Hace un ruido bonito*
> *cuando mueve las hojas:*
> *viento, viento, ¿me alojas*
> *como a un pajarito?*
>
> *Nos despeina de broma,*
> *después resopla y corre.*
> *¡Ojalá no me borre*
> *esta cara que asoma!*

U

Ya no son sustantivos en cadena, algunos adjetivos sensoriales, adverbios como brújulas. Hablamos de otro asunto, damas y caballeros de la Real Academia del Asombro. Ahora tiene sintaxis.

La red que mide el mar. El molde de sus puzles. El tablero que acoge cada pieza. Se acabó el balbuceo: en su discurso no hay bebé que valga.

¿No es una maravilla? Queda todo el infierno por decir.

Anduviste algún tiempo persiguiendo el nombre exacto de todas las cosas. Y también, como ciertos idealistas vagamente germánicos, la esencia en todas partes.

—¿Eso cómo se llama?

—¿Esto *qué es*?

No admitías ninguna imprecisión ni respuestas ambiguas. Si intentábamos darte gato por liebre, protestabas con incredulidad.

—¡Naaah!

—Así no, así no.

Ahora el juego lingüístico te lleva hasta el siguiente casillero. No importa la verdad original, importan los sentidos que puedas construir. Me pides que encendamos el ventilador.

—Eso es un helicóptero.

Y asientes complacido. Entonces me preguntas por mamá.

—Ha salido un ratito a tocar el violín con una foca.

Y me pides más datos. Que siga, que te cuente.

Se llama ficción, hijo. La parte que le falta a la verdad. Sospecho que te vas a divertir.

83

Tu madre abre la puerta. Silba, ladra y maúlla. Todavía en pijama, sacas tus animales invisibles para que te acompañen en el desayuno.

Les hacemos lugar al perrito sin cuerpo, al gato imaginario y, por supuesto, al cocodrilo. Hay que tener cuidado con la cola, porque es larga y pinchuda. Experto en manejar esos peligros, consigues enrollarla con un par de ademanes.

Mientras tomas avena y un yogur de limón, tu madre va a tu cuarto y trae un cocodrilo de peluche, oculto tras la espalda. Yo intento distraerte. Ella lo instala, oh, encima de la mesa.

—Mira, hijo. ¡Se ha materializado!

No estamos muy seguros de que entiendas qué es *materializarse*. Tú agarras tu muñeco y lo examinas. Sacudes la cabeza disgustado.

—Ese no. El de verdad.

Y lo apartas, dejándole espacio al invisible. Luego lames la tapa del yogur.

84

Despliego tu carrito en el colegio. Levantas la cabeza. Te fijas en un foco blanco, liso y redondo.

—Eso, luna.

Dudo por un instante. La conoces demasiado bien para andar confundiéndote.

—Cierto. Metáfora.

Asientes, muy de acuerdo con quién sabe. Y te vas, dando saltos, a jugar a otra parte con el mundo.

V

Desde nuestro balcón se ve un castillo. Magnético, impensable. Cada noche lo espía antes de irse a la cama. Nuestros dedos apuntan a sus torres. Lo admiramos de lejos, porque es un castillo.

Hoy le propongo ir y grita de emoción. ¿Se puede? ¿Ir? Se puede casi todo siendo niño. Nos ponemos zapatillas, abordamos la calle, subimos la colina y escalamos peldaños mayores que su infancia.

Y al fin, frente a nosotros, radicalmente extraña, la visión de lo tantas veces visto.

—¡Castillo! ¡Ahí! ¡Castillo!

Corremos a invadir ese espacio espectral. Pero nada sucede conforme a lo previsto: recorre su interior con desconcierto, buscando en todas partes, como si le faltase algo crucial.

—¿Vamos? ¿Castillo? ¿Vamos?

—Ya hemos llegado, hijo.

—¿Vamos? ¿Vamos?

—Es aquí, estás aquí.

—¿Castillo? ¿Al otro? ¿Vamos?

De repente comprendo su tragedia: cuando está en el castillo, no lo ve. Su deseo requiere perspectiva. Estar en los lugares es perderlos.

Más que la imposibilidad de entrar, quizá lo peor sea ingresar al castillo sin obstáculos. Ojalá que mi hijo no me escriba esas cartas que el padre de Kafka mereció.

85

Paseas tu energía por un mar de pelotas y castillos hinchables. Trepar se ha transformado en un oficio. Saltar, en tu cadencia.

Hoy terminamos tarde nuestras aventuras: somos los últimos exploradores. Te pongo las sandalias y, de golpe, alcanzamos a ver el prodigioso derrumbe de tu reino.

El castillo comienza a perder aire. Sus contornos vacilan, temblorosos. Encogen de tamaño. Las torres se derriten sin remedio hasta que sólo quedan sus despojos, un pez multicolor.

No puedes apartar la vista del suceso. Te impresiona que semejante mole pueda ser tan precaria. Parecía gigante, un suelo en que confiar. Creíste en las alturas y eran esto. Tu cuerpo estaba ahí, y ya no hay nada.

—No te preocupes. Mañana estará inflado.

—Creo que no, papá.

Cómo contradecirte.

86

—Fff. Fff...

A eso jugamos, a la gran invención del rudi-
mento, a la única lengua en que se entienden
más de dos hombres juntos.

Tu objeto de deseo se te enreda entre los pies
urgentes. El camino se abre mientras rueda. Toma-
do el cuerpo entero por la euforia, vas expulsando
el aire y tratas de decir qué está pasando.

—Fffu. ¡Fffut...!

87

En tu anterior vocabulario se llamaba la *tata*: este esférico inflado de antropología. Lo escondo por si acaso y siempre lo descubres. Si te cambio de tema, no logro distraerte.

—Al parque, papá, al parque.

¿Quién me lo hubiera dicho? Yo, que tuve una infancia futbolera de la que hui corriendo, que imaginé una hija practicando cualquier otro deporte, que juré no imponerte el juego de los juegos, que ni siquiera me atreví a desear que te gustase tanto como a mí, ahora corro y resoplo y te suplico que pares un momento, por favor, queriéndonos detrás de una pelota roja.

W

En mis brazos, con su pijama verde, se acerca a la ventana. Contempla la otra parte de la casa y me señala el muro de su cuarto.

—Ahí vivimos.

Lo afirma con certeza veterana, como quien se refiere a unos vecinos que conoce de sobra.

—Ahí vivimos.

El orden de la frase me remueve. Podría haberme dicho, subrayando el adverbio de lugar,

—Vivimos *ahí*.

Pero ha preferido enfatizar el verbo: ha elegido *vivir*. Esas confirmaciones nunca están de más.

Después mira hacia el cielo, cuenta dos o tres pájaros y pregunta si queda mermelada.

88

Vas corriendo al sofá donde tu madre se repone un minuto de ser madre. Trepas a su regazo y, levantándole la ropa, formulas esa orden que has logrado disfrazar de pregunta.

—¿Teta?

—Después del baño.

—¿Teta? ¿Ahora?

—En cuanto nos vayamos a la cama.

Manoseas sus pechos sopesando hasta qué punto te obedecería, si se puede exigir que alguien te dé su cuerpo. Ella dice que no con la cabeza. A punto de rendirte, tus manos retroceden.

Pero de pronto viene una frase en tu auxilio, esa que tanto nos gusta recordarte. Pones cara de hondura moral cuando la dices.

—Mamá, ¡hay que compartir!

Y un risueño pezón ilumina la noche.

89

Ya no chillas como en los viejos tiempos de hace poco. Has descubierto algo más efectivo: en vez de los berrinches, empleas la dialéctica. Con las piernas heridas, en sandalias azules, este monstruo de lógica y amor.

Aceptaste la regla de que te dé la mano en cuanto asoma un coche. Pero hoy caminábamos por una cuesta abajo empinadísima, en la que era muy fácil tropezar.

—Dame la mano, hijo.

—No. No quiero.

—Hijo, la mano.

Alzaste la cabeza. Me miraste tranquilo. Apuntaste, didáctico, hacia el frente.

—Papá, no hay coches. ¿Ves?

Y así, invocando al padre, me desobedeciste. La luna pareció que te aplaudía.

X

Escuchándolo hablar, intuyo que la gran pregunta no comienza como filosofía, ni siquiera como tanteo lógico. Al principio es tan sólo una estructura, un reflejo lingüístico.

—¿Por qué lloras?

—Por qué.

—¿Y sabes por qué cae agua del cielo?

—Por qué.

De esa pequeña mímesis ha pasado a enunciados que van creando un hábito formal, el arquetipo de una reflexión.

—No sé por qué.

Intercala esta frase en contextos insólitos, casi arbitrariamente.

—Tomate rico. Sandalia azul. ¡No sé por qué!

Por qué tiene que ver con la elocuencia del mundo cuando es nuevo. Significa unas ganas de mirarlo. No pide una respuesta, sino más campo libre.

90

—¿Cuál ha sido el momento favorito del día?

Me conmueve y me apena tu pregunta. ¿No deberíamos hacerla siempre, antes de que la luz se apague? ¿Cuándo dejé de hacérmela?

Para ganar un poco más de tiempo, me intereso por el tuyo. Al fin y al cabo, tú has inventado el juego.

—Mi momento favorito fue comer manzanas con mamá.

Y te quedas mirándome, deseoso de escuchar mi respuesta, convencido de que existe.

Y tenías razón.

Mi momento del día, el que lo redondea, el que lo salva, fue cuando tú me hiciste la pregunta que no debo olvidar.

91

—Adiós, árbol.

—Adiós, fuente.

—Adiós, silla.

No sólo te despides de personas y animales. Repites el ritual con cada objeto al que le hayas prestado una pizca de atención. Porque le insuflas vida al vincularte, o presientes que todo tiene vida más o menos callada.

Primero te concentras, eso es muy importante. Lo miras fijamente antes de abandonarlo. Y agitas una mano como un ramo de tiempo.

—Adiós, perrito negro.

—Adiós, globo en el parque.

—Adiós, papá, adiós.

Y

—He pensado que no.

Eso nos contestó cuando insistimos en que hoy también debía cepillarse los dientes. Sentadito en la cama, con las piernas abiertas, ojos grandes.

—He pensado que no.

Difícil resistirse frente a una sintaxis tan redonda. Podría habernos dicho lo de siempre,

—No quiero.

Pero esta noche hay fiesta en el idioma. Lo ha pensado, nos dice, es una conclusión muy meditada. Que ha tenido además la cortesía de exponernos como una sugerencia. Su madre hace un esfuerzo por contener la risa.

Con su minicepillo azul en una mano y el dentífrico *tutti frutti* en la otra, me pregunto qué sigue. Cómo reacciono ahora para evitar las caries sin menospreciar su aventura socrática.

Intrigado por la trama que él mismo ha puesto en marcha, nuestro hijo nos mira, sospechando que acaba de empezar otra historia.

92

Vas devorando imágenes de una era prehistórica de tu propio relato. Me pregunto qué parte del cerebro estimulas con estos ejercicios de pasado presente.

—Fotos, papá.

—¿Y cuáles quieres ver?

—De papá y yo.

¿Qué vas a recordar de nuestra infancia a cuatro manos? ¿Todas estas vivencias que antes no era posible fijar en la memoria? ¿O los vídeos formato MP4 que, desprendidos de sus referentes, saturan mi teléfono?

93

—Esta es mi madre, ¿ves? Mi mamá. Delia. Se llama *De-lia*. Tiene el pelo muy largo. Negro. Sí. Sonríe con la boca así de grande. Le encantan los violines y el café. Y el mar. Como a vos, claro. No, la pelota menos. Hace cosas de noche. Come tarde. Siempre quiere un helado. Bueno, pero primero tenés que cenar, ¿eh? La boca así de grande. A veces sopla humo. *De-lia*. Es de muy lejos. No, no puede venir. Te presento a tu abuela. Ella me enseñó a hablar.

94

—Qué raro.
Te parece, hijo mío, todo
—¡Raro!
Y así nos lo repites sin parar. Ese es tu manifiesto, una corriente estética con un solo principio. Qué rara cada cosa, precisamente porque la miramos.

Qué raro es ese gato en la ventana, una fuente vacía bajo el sol, la campana sonando, el muñeco dormido, nuestra pelota medio desinflada. Qué raros son los árboles con sus ramas inquietas, el viento que las llama, cada hoja caída, la tierra húmeda, esa hormiga que pasa.

Hijo, qué raro, los dos aquí, en el tiempo, compartiendo materia, mezclando nuestras sombras, nuestros huesos, pieles provisionales, la sangre que no importa, los azares sagrados, la intuición, lo invisible, qué raro.

Z

Antes era un anfibio: entendía palabras, no estaba hecho de ellas. Se las iba arreglando en su habla materna, cuando le hacía falta, como haríamos con un idioma extranjero. Su cuerpo era su auténtica gramática.

Pero ya piensa y come y corre y goza y llora y duerme con el léxico. Ya no le queda un poro preverbal. No hay regreso de aquí: es un hablante. Ahora empieza el juego de verdad.

95

Los dos primeros cuentos que ha inventado, masticando naranjas en un parque, son así.

Había un barco triste porque estaba sin agua. Andaba solo y triste por ahí: le faltaba su agua. Entonces hubo un niño que le trajo un poco. Se la trajo del mar. Con un balde. Y mamá. Hasta que el barco tuvo. Y navegó.

En la segunda historia, mi hijo estaba sentado masticando naranjas. Tan a gusto. Y de pronto, detrás de una palmera, aparecía él mismo. Ahí, enfrente. Cuando era bebé. Demasiado pequeño. Él lo reconocía. Y no era él.

Granada, septiembre de 2021-septiembre de 2023

Este libro se terminó
de imprimir en
Móstoles, Madrid,
en el mes de
febrero de 2024

«Para viajar lejos no hay mejor nave que un libro».

Emily Dickinson

Gracias por tu lectura de este libro.

En **penguinlibros.club** encontrarás las mejores
recomendaciones de lectura.

Únete a nuestra comunidad y viaja con nosotros.

penguinlibros.club

Penguin
Random House
Grupo Editorial

 penguinlibros

Andrés Neuman
Umbilical

El conmovedor relato de la gestación de un padre,
por el ganador del premio Alfaguara 2009

UNO DE LOS MEJORES LIBROS DEL AÑO
SEGÚN *EL CULTURAL*

«Un canto de amor a la literatura en nombre del hijo».
Bel Carrasco, *Zenda*

«Un diario íntimo que avanza por un territorio vedado
a los hombres: ese tobogán emocional ante el nacimiento
de un hijo».
Esther Ferrero, *Efecto Doppler* (Radio 3)

«Uno de los mejores homenajes a la paternidad que he leído,
y en el que cada gesto, cada mirada, cada descubrimiento
reviste la cualidad de una identidad por fin asumida».
Manuel Rodríguez Rivero, *Babelia*